VENTE DU SAMEDI 27 NOVEMBRE 1897

HÔTEL DROUOT, SALLE N° 6

à deux heures

OBJETS D'ART

ET

D'AMEUBLEMENT

DES XVII° ET XVIII° SIÈCLES

PANNEAUX DÉCORATIFS
MEUBLES ET SIÈGES

Tapisseries

<table>
<tr><td>COMMISSAIRE-PRISEUR</td><td>EXPERTS</td></tr>
<tr><td>Me PAUL CHEVALLIER</td><td>MM. MANNHEIM</td></tr>
<tr><td>10, rue Grange-Batelière, 10</td><td>7, rue Saint-Georges, 7</td></tr>
</table>

EXPOSITION PUBLIQUE

LE VENDREDI 26 NOVEMBRE 1897

DE 1 HEURE 1/2 A 5 HEURES 1/2

CATALOGUE

DES

OBJETS D'ART

ET D'AMEUBLEMENT

DES XVIIe ET XVIIIe SIÈCLES

PORCELAINES DE LA CHINE ET DU JAPON

Objets variés, Sculptures

PEINTURES ET PANNEAUX DÉCORATIFS

SIÉGES, BOIS DE SIÉGES, MEUBLES

Piano, Orgue

TAPISSERIES DES FLANDRES ET D'AUBUSSON

Tapis

DONT LA VENTE AURA LIEU

HOTEL DROUOT, SALLE N° 6

Le Samedi 27 Novembre 1897

à deux heures

COMMISSAIRE-PRISEUR	EXPERTS
Me PAUL CHEVALLIER	**MM. MANNHEIM**
10, rue Grange-Batelière, 10	7, rue Saint-Georges, 7

EXPOSITION PUBLIQUE

Le Vendredi 26 Novembre 1897, de 1 heure 1/2 à 5 heures 1/2

CONDITIONS DE LA VENTE

Elle sera faite au comptant.

Les acquéreurs paieront *cinq pour cent* en sus des adjudications.

L'exposition mettant le public à même de se rendre compte de l'état et de la nature des objets, il ne sera admis aucune réclamation une fois l'adjudication prononcée.

Paris. — Imp. de l'Art, E. MOREAU ET Cⁱᵒ, 41, rue de la Victoire.

DÉSIGNATION DES OBJETS

PORCELAINES DE LA CHINE ET DU JAPON

1 — Vase quadrilatéral en ancienne porcelaine de la Chine,
famille verte, à décor de paysages animés avec encadrements de rinceaux fleuris. Monture en bronze.

2 — Paire de potiches ovoïdes avec couvercles en ancienne
porcelaine de Chine, famille rose : cortège d'enfants.

3 — Potiche à panse ovoïde et col droit avec son couvercle,
en ancienne porcelaine de Chine, décor bleu de corbeilles, compartiments de fleurs et rinceaux.

4 — Paire de cornets en ancienne porcelaine de Chine,
décor bleu de compartiments de rochers fleuris, séparés
par des carrelages.

5 — Petite potiche avec couvercle en ancienne porcelaine
de Chine, famille verte, à décor de personnages, habitations et fleurs.

6 — Potiche cotelée avec son couvercle en ancienne porcelaine de Corée, à décor de fleurs et oiseaux.

7 — Coupe en ancien céladon turquoise de la Chine, pied
en bois.

8 — Compotier en ancienne porcelaine de Chine surdé-
corée en Hollande d'un sujet galant.

9 — Compotier, vieux Chine, famille rose : fleurs, réserves
d'attributs à la chute.

10 — Compotier, vieux Chine, décor bleu : rochers fleuris.

11 — Deux compotiers à bords découpés, vieux Chine,
famille rose, fleurs.

12 — Petit plat, vieux Chine, famille verte : personnages.

13 — Plat creux, à bords ajourés, décor de rochers et fleurs,
Chine, famille rose.

14 — Petit plateau, fleurs. Inde.

15 — Boîte ronde avec son couvercle en ancienne porcelaine de Chine, famille verte : fleurs.

16 — Plateau-coquille en ancienne porcelaine de Chine,
famille verte : ustensiles.

17 — Deux pièces, Chine : petit vase et petite potiche : décor
d'enfants.

18 — Trois pièces, Chine, décor bleu : petit flambeau, petit
vase et boîte en forme de poisson.

19 — Petit pot à lait avec couvercle en ancienne porcelaine
de Chine, famille rose : fleurs et animaux.

20 — Service de table en ancienne porcelaine dite de l'Inde,
décor bleu : paysages.

21 — Pièce de surtout ajourée, même porcelaine, pied décoré
de figurines d'enfants.

22 — Paire de grandes potiches à pans, avec leurs cou-

vercles, en ancienne porcelaine du Japon, à réserves d'ar-
bustes, fleurs et animaux, sur fond chargé de rinceaux
bleus et de fleurs.

23 — Compotier, Japon, décor bleu, rouge et or : fleurs.

24 — Petite coupe à pans, décor polychrome : corbeille et
fleurs. Japon.

OBJETS VARIÉS

25 — Paire de vases à panses aplaties, godronnés, à pieds
rectangulaires, accompagnés d'anses formées de dau-
phins entrelacés et de mascarons en relief. Sur la panse
sont représentées des divinités marines. Les anses, les
mascarons, les pieds et les bouchons sont rehaussés de
dorures. Castelli, xviiie siècle. *Vente Tollin, 1897.* —
Haut., 48 cent.

26 — Deux appliques, à deux lumières, en forme de bran-
ches de chêne, en fer partiellement doré.

27 — Deux candélabres, à trois lumières, en bronze, formés
chacun d'une statuette de femme tenant le bouquet de
lumières et placée sur un socle cylindrique, orné de bas-
reliefs ; base en marbre portor. Fin du xviiie siècle.

28 — Cheminée Louis XV en bois sculpté, à motifs rocaille
et fleurs.

29 — Lutrin en bois doré, à quadruple pied à volutes, décor
de feuillages et guirlandes. xviie siècle.

30 — Deux torchères en bois sculpté et partiellement doré, en forme de balustre, orné de feuillages. XVIIe siècle.

31 — Deux gaines Louis XV en bois sculpté, peint et doré, à pendentifs de fleurs et têtes d'animaux.

32 — Deux bustes en bois sculpté, de femmes vêtues à l'antique. XVIIe siècle.

33 — Deux jardinières, forme berceau, en bois doré. Italie. XVIIIe siècle.

34 — Deux flambeaux en bois sculpté, à têtes de béliers, feuillages et chimères Louis XVI.

35 — Deux vases Louis XVI en bois doré, à guirlandes et flammes.

36 — Deux aigles, les ailes déployées, se faisant pendants, en bois sculpté, peint et doré. XVIIIe siècle.

37 — Socle-applique, en bois sculpté et peint, décoré de deux têtes d'amours. XVIIIe siècle.

38 — Baromètre-thermomètre en bois peint vert et doré. Époque Louis XV.

39 — Coupe en cristal, sur pied élevé, en bois doré et cristal. XVIIIe siècle.

40 — Jardinière hexagonale en marqueterie d'écaille, cuivre, étain et corne verte : personnages et rinceaux.

41 — Modèle de monument en bois peint, formant horloge ; sur la façade, groupe en bronze : le Christ et la Samaritaine. XVIIIe siècle.

42 — Cadre en bois sculpté, à décor de motifs rocaille, pendentifs de fruits, têtes d'amours; fronton ajouré.

43 — Lot de socles chinois.

PEINTURES ET PANNEAUX DÉCORATIFS

44 — Panneau décoratif provenant d'un clavecin et peint sur bois : le Triomphe d'Amphitrite. XVIIᵉ siècle.

45 — Deux petits panneaux en bois sculpté, peint et doré, décorés de médaillons : l'un à monogramme timbré d'une couronne de prince, l'autre à armoiries avec feuillages; fond bleu. Époque Louis XVI.

46 — Fragment de frise Louis XVI, feuillages et rinceaux, en bois sculpté et doré, sur fond de carton, avec agrafe en métal.

47 — Plusieurs fragments de bas-reliefs et moulures Louis XVI, en bois sculpté et doré.

48 — Petit panneau en bois sculpté et peint gris : groupe d'attributs de l'Amour et rinceaux. XVIIIᵉ siècle.

49 — Deux panneaux peints sur bois simulant des décorations à l'antique. Travail italien.

50 — COYPEL. Nymphe et bacchante. Encadré. *Vente Gasquet*.

51 — Deux grands dessus de portes en bois sculpté et peint gris, offrant une couronne de fleurs accostée de deux

aigles ; l'un d'eux présente en outre un profil de femme.
xviiie siècle.

52 — Panneau en bois sculpté, peint et doré à quadrillés et
palmettes. Époque Régence.

53 — Grand panneau décoratif peint sur toile : oiseaux et
vases de fleurs. xviiie siècle.

54 — Panneau décoratif peint sur toile : bouquet de fleurs.
Encadré.

55 — Deux dessus de portes peints sur toile : bergeries
dans le goût de Boucher. Encadrés.

56 — Dessus de porte peint sur toile : fleurs dans le goût
de Monnoyer. Encadré.

57 — Panneau peint sur toile : paysage dans un médaillon
encadré de fleurs. xviiie siècle.

58 — Dessus de porte peint sur toile : amours et oiseaux.
Encadré.

59 — Dessus de porte peint sur toile : moissonneurs. En-
cadrement de bois peint blanc.

60 — Panneau décoratif peint sur toile : jardinière remplie
de fleurs. Cadre en bois sculpté, peint et doré. xviiie
siècle.

61 — Trumeau en bois sculpté et peint gris et vert, orné
d'une peinture : Enfants pêcheurs ; il contient une glace.
xviiie siècle.

62 — Deux montants étroits en bois sculpté et peint, à décor
de vases superposés et enguirlandés. Époque Louis XVI.

SCULPTURES

63 — Deux statuettes en marbre blanc se faisant pendants : nymphes drapées à l'antique, debout auprès d'une urne posée sur un rocher. On lit au revers le nom de Clodion. Base cannelée en bois. — Haut. 44 cent.

64 — Deux vases en terre cuite, à guirlandes et rocailles Louis XV.

65 — Buste de femme plus grand que nature ; draperie sur l'épaule ; socle à feuillages. Terre cuite.

66 — Statuette en terre cuite : baigneuse. Signée : *Righi, 1788.*

67 — Groupe, en terre cuite, de deux enfants nus, l'un tenant une gerbe de blé, l'autre assis auprès d'une urne renversée.

SIÈGES

68 — Deux fauteuils, du temps de Louis XVI, en bois sculpté, à décor de baguettes enrubannées et feuilles d'acanthe, pieds cannelés. Ils ont été recouverts de soie brochée, à fleurs dans le même style. Signés : *J.-B. Sené.*

69 — Fauteuil, du temps de Louis XVI, en bois sculpté, avec traces de peinture, à décor d'entrelacs et feuillages. Il a été recouvert de velours ciselé dans le style. Signé : *J.-B. Sené.*

70 — Deux fauteuils, du temps de la Régence, pouvant se

faire pendants, en bois sculpté, à décor de palmettes, quadrillés, feuillages, avec croisillon d'entrejambes ; siège et dossier cannés.

71 — Canapé en bois sculpté, du temps de Louis XV, décor de moulures et fleurettes. Il a été recouvert de soie rouge brochée à fleurs.

72 — Canapé en bois sculpté et doré, dans le style Louis XV, couvert de soie blanche brochée à fleurs.

73 — Bois de bergère Louis XV sculpté, à décor de moulures et fleurs.

74 — Douze chaises en noyer sculpté, dans le style de Louis XV, décor de moulures et feuillages ; siège et dossier cannés. Coussin en velours rose frappé.

75 — Meuble de salon en bois sculpté et peint gris, à décor de baguette enrubannée, cannelures rudentées et feuillages, pieds ornés de canaux en spirale. Il comprend deux canapés en deux dimensions, deux bergères, deux fauteuils et quatre chaises. Époque Louis XVI.

76 — Six petits fauteuils, du temps de Louis XV, en bois sculpté et doré, à feuillages et moulures contournées.

77 — Six bois de chaises sculptés, à fleurs et moulures et dorés. Style Louis XV.

78 — Bois de canapé doré, sculpté à godrons, feuilles et rubans. Style Louis XV.

79 — Bois de canapé, de style Louis XVI, sculpté, à postes, moulures et doré.

80 — Bois de canapé, de style Louis XVI, sculpté, à moulures et feuilles et doré.

81 — Deux bois de canapés sculptés et dorés, de forme arrondie, à moulures et ornements. Style Louis XV.

82 — Bergère d'angle en bois sculpté et doré, à feuilles et ornements. Le dossier est garni d'une broderie en soie au passé, jeux d'amours dans le goût de Boucher.

83 — Trois bois de marquises, de style Louis XVI, sculptés et dorés, à rosaces et feuilles d'eau.

84 — Deux bois de fauteuils, de style Louis XV, sculptés, à godrons, feuilles, rubans et ornements variés.

85 — Deux bois de fauteuils analogues, mais plus grands.

86 — Bois de fauteuil sculpté, à fleurs, feuilles, perles et rubans, et doré. Époque Louis XVI.

87 — Deux bois de chaises, de style Louis XV, sculptés, à godrons, feuillages et écussons, et doré.

88 — Deux bergères Louis XVI en bois sculpté et doré, à tores de laurier, couronnes de feuillages, perles et rubans. Elles sont garnies, mais non couvertes.

89 — Bois de fauteuil, de style Louis XV, doré et sculpté à moulures, fleurs et rubans.

90 — Bois de fauteuil, du temps de Louis XVI, sculpté et peint, décor d'acanthes, colombes se becquetant, couronne, cannelures aux pieds.

91 — Huit fauteuils en bois sculpté et doré, à décor de godrons, festons et fleurs, feuilles avec torsades aux pieds.

92 — Banquette en bois sculpté, décorée d'un cœur et de rinceaux. xviie siècle.

93 — Quatre fauteuils Louis XIII, recouverts d'étoffe à fond vert.

94 — Deux fauteuils Louis XVI en bois peint gris, couverts en tapisserie à fleurs sur fond blanc.

95 — Six chaises Louis XVI en acajou, à cordons de perles.

MEUBLES

96 — Encoignure Louis XV, à deux portes, en bois de placage à quadrillés, garnie de chutes et d'encadrements rocaille en bronze. Dessus de marbre brèche d'Alep.

97 — Bureau plat Régence, à trois tiroirs, en bois noir et filets de cuivre, garni de poignées, entrées de serrures, sabots, rosaces et chutes godronnées en bronze.

98 — Bureau plat Louis XVI en acajou, sur pieds cannelés.

99 — Petite console, du temps de Louis XVI, en bois sculpté et doré, à décor de guirlandes de fleurs, reposant sur deux pieds cannelés reliés par une traverse ornée d'un vase. Dessus de marbre gris et noir.

100 — Lit d'angle, du temps de Louis XVI, en chêne sculpté, décor d'entrelacs, rosaces et cannelures. Il a été repeint en blanc.

101 — Armoire à deux portes en bois sculpté, à décor de moulures contournées; garnitures de fer; tiroirs intérieurs en bois de placage. xviiie siècle.

102 — Buffet en chêne, à décor de moulures, fermant à deux
portes pleines, avec tiroirs et portes vitrées à la partie
supérieure. xviiie siècle.

103 — Toilette à coiffer Empire en acajou, garnie de
bronzes, avec tiroir et miroir mobile sur pivots ; dessus
de marbre blanc.

104 — Petit bureau Louis XVI, à cinq faces, en bois de
rose.

105 — Console en bois doré, à deux pieds contournés reliés
par une fleur ; ceinture ornée de guirlandes ; dessus de
bois peint. xviiie siècle.

106 — Table de nuit Louis XV en bois de violette et de rose ;
dessus de marbre brèche violette.

107 — Chiffonnier Louis XVI en acajou et citronnier, garni
de bronzes ; dessus en marbre blanc.

108 — Petit chiffonnier de poupée en bois de rose.
xviiie siècle.

109 — Armoire à une porte en bois de rose et contenant des
tiroirs ; dessus de marbre ranz. xviiie siècle.

110 — Grand régulateur hollandais en bois, mouvement
indiquant les quantièmes et les phases de la lune.
xviiie siècle.

111 — Grande gaine en bois de rose et de violette, contenant une horloge.

112 — Glace hollandaise en hauteur, cadre en bois sculpté
et doré, à fleurs et rocailles, fronton formé d'un vase.
xviiie siècle.

113 — Glace hollandaise en hauteur, cadre en bois sculpté
et doré, à fleurs ; fronton formé de motifs rocaille.
XVIIIe siècle.

114 — Glace hollandaise en hauteur, cadre en bois sculpté
et doré ; fronton et cul-de-lampe, à rinceaux et motifs
rocaille. XVIIIe siècle.

115 — Miroir biseauté dans un cadre en bois sculpté et
doré, à entrelacs, surmonté d'un fronton à buste de
femme.

116 — Miroir dans un cadre Louis XIII en bois, garni de
cuivres ajourés, à fleurs.

117 — Lit de repos Louis XVI en bois sculpté et doré,
sculpté à postes et rosaces.

118 — Bois d'écran, de style Louis XVI, sculpté, à feuilles
et perles, et doré.

119 — Table à quatre faces, du temps de Louis XVI, en bois
sculpté, peint et doré, à décor de guirlandes ; pieds à
cannelures obliques, reliés par un croisillon orné d'un
vase.

120 — Lit de repos en bois sculpté, du temps de la Régence,
décor de quadrillés et feuillages.

121 — Table carrée en bois sculpté, à décor de palmettes
et feuillages ; pieds à volutes reliés par un croisillon.
Époque Louis XIV.

122 — Table carrée, copie moderne de la précédente.

123 — Petit écran du temps de Louis XV, en bois sculpté
et peint ; feuille en soie brodée de fleurs.

124 — Piano droit de *Soufléto*.

125 — Orgue dans une caisse en bois des Iles, de style gothique.

TAPISSERIES, TAPIS

126 — Tapisserie du xviie siècle offrant un sujet relatif à l'histoire d'Artémise : la reine accompagnée d'une servante est représentée dans un palais richement meublé. Bordures de fruits, fleurs, cartouches, guirlandes sur fond gros bleu. Atelier de *J. Cordys*. Bruxelles. — Haut., 3 m. 40 cent.; larg., 2 m. 90 cent.

127 — Tapisserie d'Aubusson du xviiie siècle : groupe de paysans dans la campagne ; bordure simulant un cadre. — Haut., 2 m. 35 cent.; Larg., 1 m. 70 cent.

128 — Tapisserie du xviiie siècle : vue de parc avec fontaines, arbres taillés, habitations; volailles au premier plan. Bordure simulant un cadre. — Haut., 3 m. 40 cent.; larg., 3 m. 95 cent.

129 — Tapisserie décorée de fleurons semés sur fond rouge, bordures blanches ornées d'oiseaux, lions, vases et fleurs. xviie siècle. — Haut., 2 m. 20 cent.; larg., 2 m. 45 cent.

130 — Tapisserie flamande du xviie siècle : jeune femme assise; fond de verdure; bordures de fleurs sur champ marron. — Haut., 2 m. 75 cent.; larg., 2 mètres.

131 — Tapisserie d'Aubusson du xviiie siècle : verdure,

habitations et canards; bordures de corbeilles et fleurs sur fond marron. Marquée : *M. R. D'Arbusson. M. Ricavdie.* — Haut., 2 m. 80 cent.; larg., 3 m. 80 cent.

132 — Tapisserie-verdure : Divinités au premier plan; bordures de rinceaux sur fond marron. XVIIIe siècle. — Haut., 2 m. 70 cent.; larg., 2 m. 55 cent.

133 — Bande de tapisserie : verdure avec oiseaux. XVIIIe siècle. — Haut., 2 m. 70 cent.; larg., 80 cent.

134 — Panneau en hauteur, en tapisserie moderne d'Aubusson, pendentifs d'attributs variés sur fond blanc.

135 — Bande en tissu de la Savonnerie, à décor de feuilles d'acanthe, feuillages, oves et entrelacs. — Long., 4 m. 50 cent.

136 — Tapis d'Aubusson, présentant une large rosace, à fond blanc, sur champ carrelé marron; bordures vertes à fleurs. Commencement du XIXe siècle. —. Long., 5 m. 20 cent.; larg., 4 m. 45 cent.

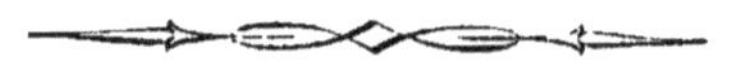